Espaço Coruja:
pelo direito
das crianças
e das mulheres.
Legisladora
Marielle Franco.

Espaço Coruja: pelo direito das crianças e das mulheres. Legisladora Marielle Franco.

n-1 edições, 2020
ISBN 978-65-81097-05-9

Embora adote a maioria dos usos editoriais do âmbito brasileiro, a n-1 edições não segue necessariamente as convenções das instituições normativas, pois considera a edição um trabalho de criação que deve interagir com a pluralidade de linguagens e a especificidade de cada obra publicada.

COORDENAÇÃO EDITORIAL Peter Pál Pelbart
e Ricardo Muniz Fernandes
DIREÇÃO DE ARTE Ricardo Muniz Fernandes
ASSISTENTE EDITORIAL Inês Mendonça
PROJETO GRÁFICO Érico Peretta
REVISÃO Fernanda Mello
FOTO/CAPA © Leon Diniz

1ª edição | São Paulo | fevereiro de 2020

n-1edicoes.org

Espaço Coruja: pelo direito das crianças e das mulheres. Legisladora Marielle Franco.

Amanda Mendonça
e Pâmella Passos

n-1 edições

Nota das autoras

Lei do Espaço Coruja. Ainda são tão vivos em nossa memória os debates calorosos que tivemos até chegarmos nesse nome. Estávamos todas e todos envolvidos com o projeto, convencidos e nos doando de muitas formas para que ele acontecesse. Foram muitas pessoas que mergulharam nele de corpo e alma, estudando, pesquisando, buscando estratégias, ouvindo e dialogando com diferentes setores. Assim como tudo que era a proposta da mandata, o projeto se tornou o mais coletivo possível, e todos e todas são parte dele. Mas não podemos deixar de mencionar a atuação da equipe de comunicação com Luna, Rafa e Fernandinha, que foram incansáveis em pensar formas de diálogo e de apresentação do projeto para aqueles e aquelas a quem ele de fato iria beneficiar. Além disso, buscaram todo o tempo "traduzir" nossas preocupações, nossos preciosismos com os termos corretos a serem empregados. Não pode deixar dizer que é creche, rsrs! Mônica Francisco, Iara Amora, Mariana Gomes e Flavinha, assessoras, engajadas em movimentos sociais populares, tiveram a difícil missão de compor o Grupo de Trabalho que formamos e de serem interlocutoras nesse debate e defensoras árduas deste projeto. Esse GT foi para além da assessoria da mandata e contou com a colaboração de Bárbara Amado André, Flávia de Lamare e Lidiane Lobo, que trouxeram um olhar do chão da escola. A experiência de vocês, a tranquilidade e ao mesmo tempo a firmeza nos argumentos foram centrais para a condução do processo. Não poderíamos deixar de citar Roberta Eugênio. Beta foi a advogada destacada para nos dar um suporte mais direto e juntas batalhamos a viabilidade do projeto. Fundamental mencionarmos a parceria e o companheirismo com que ao longo de todo este processo contamos com a equipe do vereador Tarcísio Motta, coautor do PL, especialmente através da querida Claudia Trindade. E nós, Amanda Mendonça e Pâmella Passos, autoras deste livro, apenas demos linguagem a uma luta coletiva. E esta nota é para indicar, como não poderia deixar de ser, que este projeto foi pensado e feito a muitas mãos. Eu sou, porque nós somos.

AMANDA MENDONÇA e PÂMELLA PASSOS

Prefácio

Nós crescemos ouvindo nossa mãe nos contar o quanto ela teve que batalhar para poder nos criar e dar conta de duas filhas enquanto ela se virava em diversas ocupações. Não era fácil sentir tantas saudades e ficar com alguns parentes, vizinhos e amigos durante tantas horas. A gente entendia que era necessário que ela trabalhasse muito, e sua ausência era sentida e comentada por nós assim que ela chegava a casa.

Eu me lembro perfeitamente, como se fosse hoje, uma chegada de minha mãe à nossa casa e a Mari dizendo: "Nossa, como a senhora demorou e me deixou com a tia Elizete e essa pentelha por tanto tempo". A pentelha no caso era eu. E mesmo ainda muito nova ela entendia a necessidade de minha mãe e de meu pai de estarem fora e cuidava de mim com muito afinco, como se fosse minha mãe.

Nossa mãe se virava pedindo a um e a outro. Mesmo sendo somente durante o dia em sua maioria das vezes, a apreensão dela em deixar as filhas era notória. Eu cresci entendendo essa batalha. Alguns anos depois, eu ainda era quase uma adolescente, quando nasceu Luyara. Eu vi aquele filme se repetindo, mas com minha irmã. De alguma maneira eu achava que eu deveria retribuir tudo que ela fez por mim enquanto pequena e resolvi que eu faria o mesmo com a Lulu, minha sobrinha, e cuidaria dela como se fosse minha. Eu a buscava na creche e ficava com ela sempre que minha irmã precisava e demandava essa ajuda. Minha irmã estudava na PUC à noite e ainda bem que ela tinha a gente. Mas se ela não tivesse, como tantos outros não tem?

Hoje, com uma filha de três anos para criar, estudar e trabalhar ao mesmo tempo, eu entendo como seria fundamental ter esse apoio. O Espaço Coruja é essencial na vida de todas essas pessoas que precisam sobreviver a esse sistema cruel e que de alguma forma devem dar conta de tantas tarefas junto a seus filhos pequenos. Com um horário noturno e diferenciado, esse espaço poderia contribuir imediatamente para a melhoria de diversas famílias. Minha irmã, assim que entrou na vereança, se prontificou a desenvolver algo nesse sentido, pois lembrava quantas vezes ela precisou de apoio com a Luyara e até mesmo comigo.

São leis como essa que fazem a diferença na vida de quem passa horas em um transporte público, trabalha duro, estuda longe de casa, e tem filhos pequenos. É importante sabermos que ao saímos de casa nossos filhos estarão bem cuidados. Só quem vive essa batalha sabe a importância que tem um projeto como esse. Nossa luta é diária. Nossa luta é todo dia. Nossa luta não tem horário. E para que possamos sobreviver e nos sustentar, nós merecemos leis que olhem para cada cidadão e cidadã como um todo. E que nelas incluam nossos filhos.

Marielle vive! Marielle presente!

ANIELLE FRANCO

Apresentação

Quando fomos apresentadas à ideia de uma possível candidatura da Marielle, lembro que cruzamos nossos olhares e sem dizer uma palavra sabíamos o que nós, as "meninas da educação", como ela nos chamava, estávamos sentindo: finalmente! Uma mulher que conjugava em sua carne dimensões da vida social que estavam desarticuladas nos debates e nas ações. Trazia uma concretude para a disputa política institucional, marcas de sua própria identidade.

Foi assim que, desde a campanha, a candidatura da Marielle demonstrava sua preocupação com a participação política efetiva de todas e todos na construção das bases do que poderia vir a ser a mandata. Esse olhar estava voltado em especial para as mulheres negras e/ou pobres, associado a um questionamento da divisão sexual do trabalho, como, por exemplo, na atenção à não reprodução dos papéis de gênero na distribuição das tarefas da própria campanha. Era fundamental para Marielle que as propostas formuladas, os embasamentos teóricos que nos orientavam, fizessem sentido nas nossas ações já na campanha. Isso significava garantir, por exemplo, um espaço recreativo para acolher as crianças em todas as atividades, a fim de dar às mães e pais a possibilidade de participar efetivamente dos debates, compartilhar os cuidados e garantir um espaço seguro e formativo para as crias.

Uma vez eleita, associada às demandas ouvidas no período eleitoral, esta experiência inspirou o que se tornou um dos primeiros e principais projetos apresentados pela mandata e a principal responsabilidade da equipe de Educação, o Espaço Coruja. Pensar o projeto, realizar o levantamento de dados que justificavam a iniciativa, ver a viabilidade legal, conversar com pessoas com acúmulo neste tema, tais como profissionais da área, pesquisadoras/es e o público que seria atendido. Promover encontros de discussão, apresentar o projeto em todos os espaços possíveis, participar de debates intensos sobre a proposta e fazer os ajustes necessários, uma rotina pesada da qual ela não se furtava de estar à frente e que tentaram interromper com sua brutal execução. A partir de então, a equipe da mandata, em conjunto com o mandato do vereador Tarcísio Motta, coautor da proposta, deram continuidade à tramitação do projeto de lei, até sua aprovação em novembro de 2018.

Neste processo, vários desafios e algumas críticas nos foram apresentados, mas não havia dúvidas de que na dinâmica da sociedade em que vivemos, em que somos cada vez mais exigidas/os em termos de escolaridade e carga de trabalho, era necessário oferecer uma atenção qualificada às crianças no período noturno como uma forma de articular sujeitos e direitos.

Assim como outras frentes, a luta por este projeto foi iniciada por Marielle Franco, mas agora é dever de cada um/a de nós se empenhar para que ele saia do papel e possa, de fato, melhorar a vida das crianças, mães e pais que se beneficiarão diretamente por esta política pública, ainda mais sabendo as dificuldades que a educação infantil pública do Rio de Janeiro enfrenta. Sejamos sementes!

AMANDA MENDONÇA, JULIA ZANETTI, PÂMELLA PASSOS E PRISCILA BASTOS – *Equipe de Educação Marielle Franco*[1]

1. A equipe de educação da Mandata Marielle Franco era composta por três educadoras que atuaram de forma voluntária, dedicando seu tempo por acreditar na proposta coletiva que ali se concretizava, e tinha apenas Amanda Mendonça como assessora parlamentar.

A luta unificada pelo direito das mulheres e das crianças!

"Marielle Franco foi mãe jovem na favela da Maré, trabalhadora e estudante, muitas vezes não tinha com quem deixar sua filha. 'Eu sou porque nós somos é o nosso lema', que possamos ter mais mães estudando e ampliando suas possibilidades de emprego, e para isso é urgente um lugar seguro, público e com profissionais qualificados para deixar nossas crias!"

Com esse texto o espaço infantil noturno, também chamado Espaço coruja, um dos primeiros projetos de lei de Marielle Franco, apresentado ainda em janeiro de 2017, foi anunciado publicamente pela primeira vez. Um projeto que gerou estranheza para alguns que o compreendiam como restrito ao campo educacional e não entendiam por que Marielle decidira iniciar sua mandata com esta pauta, e que ao mesmo tempo mobilizou inúmeros debates sobre o que seria esse espaço e suas funções. Um dos nossos objetivos com esta publicação é contar essa história.

Ou seja, compartilhar com vocês como se deu o processo de discussão e elaboração deste projeto, mas principalmente explorar uma das vertentes de atuação que a mandata de Marielle teve e reforçar o caráter inovador e transformador da sua vereância, a interseccionalidade[2] das pautas e de seus projetos.

E, para além de tudo isso, esse livro é fundamentalmente mais uma das inúmeras formas de mantê-la viva, hoje e sempre. Ele é fruto de uma caminhada na qual acompanhamos a amiga Marielle Franco em sua

2. Interseccionalidade é definido atualmente como um conceito pelo qual podemos compreender a sobreposição de diferentes identidades, como de gênero, raça e classe conforme explorado por Angela Davis em suas obras. Lélia Gonzalez, ainda na década de 1980, já explorava esta relação, mesmo que não empregando o termo, quando publicou diversos textos articulando sexismo e racismo como um dos operadores simbólicos do modo como as mulheres negras são vistas e tratadas no Brasil. Ela é pioneira no país na ideia de que não se podem compreender as discriminações e a opressão sofridas pelas mulheres apenas pelos vieses de gênero e classe social. Hoje, este é um campo significativo e exponencial de estudos, que conta com figuras como Patricia Hill Collins, que defende que a interseccionalidade é uma das formas de combater as opressões múltiplas e imbricadas, e portanto, um instrumento de luta política.

trajetória enquanto figura pública, desde a campanha de 2016, e depois compondo sua equipe de educação. Vimos seu slogan de pré-campanha "Mulher na luta, na rua, na Raça: MulheRaça", inspirado em Ângela Davis e na importância de articular gênero, raça e classe para se pensar a política, também orientar suas diretrizes e sua atuação nos projetos de lei que foram apresentados.

Para nós, escrever esta publicação, mais de um ano e meio depois de sua brutal execução, é afirmar que ela não será interrompida e nem tão pouco silenciada, como inúmeras vezes antes já haviam tentado ao longo de sua vida. Cabe destacar, então, que vocês encontrarão nestas páginas dor e sangue, sobrevivência e afeto, mas sobretudo um anseio de colocar ordem no mundo, pois como afirma a autora Glória Anzaldúa em sua carta às mulheres escritoras do terceiro mundo, "*Escrevo para registrar o que os outros apagam quando falo, para reescrever as histórias mal escritas sobre mim, sobre você*" (ANZANDÚA, 2000). As palavras e relatos aqui descritos, que compõem o que hoje muitos descrevem como legado, são, portanto, partes de uma história ainda em construção, que, apesar de ter sofrido uma bárbara interrupção com sua execução, não cessa, pois: *Eu sou porque nós somos.*

Essa frase era a marca da trajetória de Marielle Franco. Mulher negra da favela, LGBTI, mãe jovem, feminista e militante da esquerda. Essa era a identidade que a acompanhava em todos os espaços e frentes de atuação. Essa identidade foi central também para sua vereância. Sua trajetória de vida, sua capacidade de se reportar ao lugar do outro e da outra, de ouvir, de dialogar, foram determinantes para o que hoje chamamos de legado, e como parte deste legado seus projetos de lei.

Marielle reconhecia toda a configuração e a carga que o sistema capitalista impõe aos trabalhadores e trabalhadoras, que cada vez mais suga o tempo e muitas vezes a energia para debates e espaços fundamentais para o questionamento do próprio sistema. Ela compreendia que as condições objetivas de vida, com a múltipla jornada de trabalho, muitas vezes impedia a atuação e participação social e política de setores da nossa sociedade, especialmente a população mais pobre e nela ainda mais as mulheres e as mulheres negras. Além disso, conhecia no corpo e em sua história de vida os impactos da divisão sexual do trabalho, que ainda impera, e coloca para as mulheres uma carga extra, nos responsabilizando pelo trabalho doméstico e pelo cuidado (não só dos filhos, mas dos doentes, dos idosos).

Assim, fica patente que essa concepção sistêmica de divisão sexual do trabalho, na qual a divisão desigual entre homens e mulheres não se aplica somente ao mercado de trabalho e a uma distribuição dos ofícios, mas em toda a carga destes afazeres e especialmente em uma hierarquização das funções desempenhadas pelos gêneros. Soma-se a isso o fato de que as funções "determinadas" para as mulheres as impedem de ocupar aquelas que estão no topo da hierarquia, como a política, por exemplo. E Marielle sabia disso. E por isso defendia e praticava o que chamamos de nova política, ou seja, aquela feita através da escuta, feita com as pessoas e para as pessoas. Nesta nova política, garantir o direito à participação efetiva das mulheres estava sempre na ordem do dia.

Havia uma preocupação latente em conciliar sua formação política e essa leitura, por exemplo, sobre a divisão sexual do trabalho, em um diálogo com a população, com os favelados e faveladas, em falar com as professoras, as empregadas domésticas, as enfermeiras, dentre tantas outras, pois estas seriam as mais afetadas por esta condição de uma jornada de trabalho excessiva, que as impediria de estar com seus filhos e filhas, impondo um ritmo cada vez mais acelerado de vida.

E para defender um outro modelo social, onde o tempo adquire novo significado, não sendo definido pela produção, onde prevalecem os laços de afetividade e de tolerância, ela acreditava que era preciso ouvir e falar com e para as pessoas mais afetadas por essa engrenagem. A sociedade em que ela acreditava e que buscou construir nos garante participação popular, controle social e uma democracia plena, com direitos iguais para todos e todas. Nela, não haveria divisão sexual do trabalho, e o cuidado seria partilhado, seja através de licenças parentais ou da efetiva articulação da educação das crianças entre o Estado e a família.

Espaço recreativo: como tudo começou!

"Política de gênero: direito das mães, das famílias e das crianças."

Essa percepção de que a política de gênero acaba garantindo direito às crianças, já que o cuidado delas ainda é atribuído majoritariamente às mulheres em nossa sociedade, acompanhou o percurso de Marielle já na campanha eleitoral. Desde suas primeiras ações públicas, ainda em pré-campanha, houve a preocupação, por exemplo, em garantir o espaço recreativo, como forma de compartilhar o cuidado das crianças e de ampliar a participação política das mulheres, em todas as atividades. Cabe aqui ressaltar nossa concepção de que o cuidado com as crianças não é algo restrito às mães, mas infelizmente, na sociedade patriarcal em que ainda vivemos, sobre elas recaem as obrigações com os filhos e consequentemente o cerceamento de

Material "Espaço Recreativo"

Campanha para Vereadora de Marielle Franco 2016.

A proposta deste material foi abordar a importância da segurança e do planejamento para que tudo ocorra bem no espaço recreativo, tornando esse espaço confortável, divertido e seguro para as crianças e também para os seus responsáveis, que poderão participar de forma plena da atividade política que estiver sendo desenvolvida, na certeza de que seus filhos e filhas estarão bem, cuidados por profissionais, sendo acolhidos/as e participando de brincadeiras de caráter formativo.

É importante destacar a heterogeneidade dos coletivos, movimentos e daqueles e daquelas que compuseram sua campanha. E já neste momento identificava-se a preocupação com uma nova forma de fazer política, que ouvisse, dialogasse com e entre os diferentes, que permitisse de fato a escuta de uma demanda - mulheres que são mães querendo ampliar sua atuação política - e a percepção sobre a importância de conciliar o debate sobre o direito das mulheres ao direito das crianças a um espaço seguro e lúdico.

O resultado de toda essa discussão e as movimentações realizadas, que incluíram espaços de formação, oficinas, a própria elaboração do material exposto acima, foi a repercussão em outras campanhas, inclusive, na candidatura majoritária de seu partido à prefeitura do Rio de Janeiro, que também passou a adotar o espaço recreativo. Importante dizer que Marielle não inaugurou esta prática e que iniciativas como essas eram uma realidade, por exemplo, das campanhas do período da redemocratização do final da década de 1980. Era comum, nesse período, encontrar espaços chamados à época de "creches" tanto em reuniões quanto nos comitês de campanha. Contudo, esta foi uma prática que foi se perdendo como um todo nos partidos de esquerda. Assim, o pouco que sobrou da iniciativa e da luta das feministas nos anos 1980 foram em alguns espaços a reserva de um local para as crianças, com materiais como lápis e papel. O que consideramos como o grande legado do debate trazido por Marielle em sua campanha e depois em sua vereância foi o fato de ela resgatar essa discussão central para as feministas – participação política e divisão sexual do trabalho –, ampliando para o direito das crianças.

Assim, havia a preocupação em tratar das condições objetivas que podem garantir e expandir a participação efetiva das mulheres, não apenas na política, mas em todos os espaços, que é o compartilhamento do cuidado das crianças. Isso não era novidade. Mas tratar sobre como deveria ser o espaço, discutir um modelo para ele, estabelecer parâmetros, dizer que este espaço deve ter regras, deve ser um espaço formativo também para as crianças, que enquanto se garante o direito daquela mulher de participar de todos os espaços, dizendo que o cuidado das crianças não deve ser responsabilidade só dela, é preciso também ofertar àquela criança um local seguro, acolhedor, divertido e, principalmente, acompanhado por profissionais. Esse era o ponto em que sua campanha inovava e ampliava o debate sobre os espaços recreativos. Ganhava forma uma das discussões e dos projetos que viriam a compor sua mandata.

Espaço infantil noturno e a demanda urgente de mulheres e crianças

Ao assumir a vereança, esse lugar de fala, a de representante do poder público municipal, de quem fiscaliza e formula políticas públicas, Marielle também levou esta pauta - conjugação de direitos das mulheres e das crianças. Entendendo que a Câmara Municipal era um lugar que impõe muitos desafios e tendo a compreensão dos limites e possibilidades desta atuação enquanto legisladora, que implicava, por exemplo, em esbarrar com entraves de ordem legal, política e econômica, ela buscou pensar coletivamente alternativas que pudessem enfrentar este cenário tão limitador. Desta forma, desafiou sua equipe a iniciar a vereância com um projeto que tratasse de políticas públicas para as crianças e para as mulheres, que combinasse os direitos de ambas, que trata-se de cidadania.

Em outras palavras, a compreensão era a de que produzir políticas públicas naquele cenário significava pensar ações que visassem amenizar ou atenuar os efeitos cruéis do sistema em que vivemos. Elas não iriam acabar com o sistema e seus males, mas poderiam garantir dignidade, condições objetivas e concretas que potencializariam uma organização contra ele, e por isso eram tão importantes. Marielle acreditava e defendia arduamente que sem condições mínimas de vida, de segurança, de saúde e educação, a participação popular e a luta se enfraqueciam.

Então surgem as perguntas: de que forma a mandata poderia contribuir para que o Estado de fato compartilhasse a educação e o cuidado das crianças com as famílias e especialmente com as mulheres? O que poderíamos fazer para que as crianças da favela pudessem, desde a primeira infância, ter seus direitos assegurados, vivenciando espaços salubres e que visem a seu pleno desenvolvimento, como acontece com as crianças de regiões mais ricas da cidade, por exemplo? Como evitar que mães que trabalham à noite, que precisam deixar suas crias com outras crianças, com vizinhos ou que levam para as ruas, tenham seus filhos e filhas retirados pelo conselho tutelar? O que fazer para essas crianças não serem institucionalizadas em casas abrigo?

Muitas dessas questões a própria Marielle Franco experimentou em sua vida de trabalhadora, estudante, mãe e moradora da favela da Maré. Para além dela, outras assessoras de sua equipe parlamentar também vinham desta vivência concreta e havia, portanto, um olhar atento e direcionado para a formulação de uma política que alterasse imediatamente a qualidade de vida das mulheres, em especial das mulheres pobres e negras.

Iniciou-se um processo de escuta e diálogo que passou pelas mulheres, que são as mais atingidas, mas também por profissionais da rede, sindicalizados/as ou não, e pelas produções históricas, militantes e acadêmicas, que já existiam sobre muitas dessas inquietações. Isso construiu um olhar sobre a necessidade de reconectar diferentes sujeitos, como as mulheres e as crianças, através de uma política pública. Cinco questões principais nortearam as discussões naquele momento e foram assim respondidas por Marielle e sua equipe:

1) Por que criar uma nova demanda para a educação que já tem uma rede com tantos problemas?
Estamos atentas e na luta pela melhoria da rede e com especial atenção à educação infantil. Conhecemos o sucateamento da rede e a situação vulnerável e desvalorizada dos profissionais da educação. Mas entendemos que uma luta não anula a outra. Precisamos pressionar a Prefeitura do Rio a investir na infraestrutura e na qualidade da educação ofertada, mas também a ampliá-la. A luta da ampliação e da qualidade da educação deve caminhar conjuntamente. Ainda existe um déficit enorme na oferta de vagas, com destaque para a educação infantil.

2) Qual a importância desse projeto?
Atender a uma demanda histórica dos movimentos de mulheres, especialmente das

mulheres pobres e de favela, e um direito das crianças de um lugar seguro, salubre e que garanta seu desenvolvimento. Representa o compartilhamento do cuidado das crianças entre as famílias e o Estado. Além disso, a possibilidade concreta de diminuir a evasão escolar de jovens e a de conquistar postos de trabalhos.

3) O trabalho a ser desenvolvido com as crianças será pedagógico?
Sim. Porque o trabalho lúdico nessa faixa etária, que envolve o cuidado e o desenvolvimento de atividades que não constam no currículo que conhecemos como regular, também é pedagógico. Desde a alimentação, a higiene da criança e as brincadeiras e atividades são realizadas de forma educativa.

4) O profissional da educação será sobrecarregado?
Não. Nosso projeto reivindica o concurso para novos profissionais para a rede. Somamos na luta dos profissionais de educação por tempo

de planejamento, pela valorização da carreira e melhoria dos salários. Portanto, nosso projeto trata da ampliação da rede, mas uma ampliação com qualidade para os profissionais e para as crianças.

5) O projeto soluciona o problema da educação infantil integral?

Não. Este é um problema crônico de nossa rede. Travaremos esta luta no Plano Municipal de Educação, buscando garantir a expansão do horário e atendendo de fato a demanda das famílias.

A partir destas perguntas tinha início, nesse momento, uma campanha de debate sobre o projeto, de divulgação com informações sobre ele e também com a formação de uma rede de apoio. A página com materiais desta campanha e com o link para assinatura de apoio ao projeto ainda está no ar: https://www.espacocoruja.mariellefranco.com.br/. O espaço coruja tornava-se público.

reprodução

Identidade visual do Projeto de Lei Espaço Coruja

Espaço coruja – conjugando direitos

E foi assim que nasceu um dos primeiros projetos de lei protocolados pela mandata da vereadora Marielle Franco, o Espaço Coruja. Fazer política para as mulheres e as famílias é também fazer política para a infância. E foi essa a perspectiva que conduziu a elaboração desse projeto de lei. O cerne do projeto estava na defesa de que dividir a tarefa de educação e o cuidado das crianças com o Estado é uma forma de promover uma melhor inserção da mulher na sociedade, seja no mundo do trabalho, na esfera da participação política, na educação, entre outros espaços. Bem como uma importante forma, na sociedade de classes, de garantir que essas crianças tenham acesso aos conhecimentos socialmente produzidos pela humanidade

> "A escola, independente da faixa etária a que se dirige, é espaço de luta de classes e, portanto, não vamos aceitar

> que a qualidade da educação pública seja rebaixada para atender a critérios empresariais, privando grande parte das crianças de camadas populares de receberem um atendimento educacional adequado" (Marielle Franco, 2017).[3]

Toda essa lógica remetia à trajetória recente das políticas educacionais para a primeira infância. Nas últimas décadas a educação infantil avançava na direção de se integrar efetivamente ao sistema de ensino e como um direito da criança, no entanto, por vezes o papel dos movimentos de mulheres neste processo e a importância desta política para as mães e famílias desta criança têm ficado invisibilizados.

Nesse contexto, a luta histórica das mulheres trabalhadoras por creches soma-se à luta de mulheres trabalhadoras da educação

3. Discurso de Marielle Franco em debate realizado pelo Fórum de Educação Infantil do Rio de Janeiro e o Sindicato Estadual dos Profissionais de Educação do Rio de Janeiro – SEPE/RJ no auditório do SINDIPETRO/RJ em abril de 2017.

infantil pelo reconhecimento e valorização profissional e também à reafirmação da criança como sujeito de direitos. Cabe destacar aqui, mais uma vez, o quanto sua trajetória sempre foi determinante em muitos momentos para seus projetos e para a defesa que ela fazia deles. Marielle trabalhou em creche, atuou com recreação infantil e sabia na pele o que era ter esse trabalho desvalorizado.

Importante recuperar que a creche foi reconhecida primeiramente como direito trabalhista, previsto em lei na CLT de 1943, ainda de maneira muito restrita, como obrigação da empresa com mais de 30 mulheres empregadas, em uma perspectiva de "guardar" as crianças no período de amamentação. Já nos anos 1970/80, sob palavras de ordem como "creche não é depósito de crianças", "creche não é caridade, é um direito", "creche não é estacionamento!", os movimentos de mulheres contribuíram para a politização da discussão sobre creches, problematizando o seu papel no desenvolvimento das crianças.

Essa atuação dos movimentos de mulheres somada às contestações das trabalhadoras e pesquisadoras da educação acerca do direito das crianças reforçou a ideia das creches como espaço de educação, contribuindo para a afirmação de garantias legais para promoção da oferta de creches e pré-escolas públicas nos municípios brasileiros.

Entretanto, é importante destacar que a questão das creches e pré-escolas ainda permanece sendo pauta dos movimentos de mulheres. No Plano Nacional de Políticas para as Mulheres (2013-2015), por exemplo, ela aparece como uma reivindicação, através da responsabilidade do MEC, em parceria com a extinta Secretaria Especial de Políticas das Mulheres:

> "Ampliar a construção e o financiamento de creches e pré-escolas públicas, nos meios urbano e rural, priorizando a educação de qualidade em tempo integral, incluindo os períodos diurno e noturno e o transporte

> escolar gratuito." (Plano Nacional de Políticas para as Mulheres, 2015. Item 2.5.9)

O histórico acima apresentado foi fruto de um vasto trabalho feito pela equipe de educação da mandata Marielle Franco, antes mesmo de assumir o cargo, e uma intensa rede de colaboradoras dessa luta. Os meses de novembro de 2016 a janeiro de 2017 foram de muitas leituras e inúmeros encontros para que no primeiro dia de atividade parlamentar, em fevereiro, o PL do Espaço Infantil Noturno (Espaço Coruja) fosse protocolado na Câmara de Vereadores da Cidade do Rio de Janeiro. Assim, o projeto foi apresentado tendo como autora principal Marielle Franco e o vereador Tarcísio Motta, também do PSOL, como coautor. Referência no campo da educação, a coautoria de Tarcísio somava esforços na preocupação com os profissionais da rede municipal de educação, já tão explorados. Tinha início a tramitação do PL 0017/2017.

"Porque entendemos e defendemos que Educação Infantil é coisa séria!" Essa frase era repetida por Marielle e sua mandata. E esta frase era uma defesa de que trabalhar com crianças de 0 a 5 anos exige uma formação específica, espaços preparados para garantir segurança, conforto, salubridade e o ambiente necessário para o desenvolvimento das atividades pedagógicas planejadas que se vinculam, nesta faixa etária, com as atividades de cuidado, seja em qual período do dia ocorra.

Fruto deste entendimento, qual seja, o da seriedade da educação infantil e da responsabilidade das políticas públicas na garantia de direitos, o PL 0017/2017 Espaço Coruja/ Espaço Infantil Noturno tinha o slogan "Criança com lugar para família trabalhar"[4] e apresentava como preocupação central a segurança, o conforto e o acolhimento a essas crianças da classe trabalhadora. Como afirmava Marielle:

4. Informações disponíveis no site www.espacocoruja.mariellefranco.com.br. Acesso em: 20/10/2019.

> "A ideia do projeto é criar um espaço infantil noturno, onde mães, pais e responsáveis possam deixar as crianças em um lugar seguro enquanto estudam ou trabalham no turno da noite. Essa é a realidade de milhares de famílias cariocas hoje em dia e precisamos encontrar uma solução imediata para quem precisa estudar/trabalhar e não tem com quem deixar os filhos e filhas" (Marielle Franco, 2017).[5]

Determinada pela urgência dessa ação, Marielle seguiu no firme diálogo para construção de uma política pública que criava encontros entre diferentes demandas e realidades: famílias trabalhadoras, crianças de origem popular e profissionais da educação infantil precisavam estar juntos. Nesse caminhar a trajetória não foi fácil, marcado por

5. Discurso de Marielle Franco em debate realizado pelo Fórum de Educação Infantil do Rio de Janeiro e o Sindicato Estadual dos Profissionais de Educação do Rio de Janeiro – SEPE/RJ no auditório do SINDIPETRO/RJ em abril de 2017.

polêmicas e embates necessários, os autores do projeto, Marielle Franco e Tarcísio Motta, garantiram intenso debate e compromisso com os diferentes segmentos impactados pelo projeto.

Por um lado, uma enorme demanda tanto de vagas na rede oficial para educação infantil,[6] conforme verificou-se no início da gestão da atual prefeitura, quanto de muitos pais acionando a justiça para conseguirem matricular os filhos. Essa realidade fica ainda mais dura quando se tratam das famílias que precisam trabalhar e/ou estudar à noite. E estas não são poucas. São muitas as famílias que, vivendo do trabalho informal, precisam realizar trabalhos neste turno, assim como é neste período que ocorre a EJA (Educação de Jovens e Adultos) e a possibilidade de muitos e muitas retomarem um direito que lhes foi

6. Segundo censo escolar de 2016: 11.489 alunos e alunas matriculados em creches com turno parcial, 42.175 alunos e alunas matriculados em creches integrais, 66.521 alunos e alunas matriculados em pré-escola com turno parcial, 14.693 alunos e alunas matriculados em pré-escola integral.

negado: a educação. Isso sem mencionar os trabalhadores e trabalhadoras de shoppings, telemarketing, supermercados, farmácias e uma série de outros ramos cujos filhos estejam na educação infantil pública, que em sua prática cotidiana encerra suas atividades as 16h, demandando a esses responsáveis que contem com suas redes próprias e privadas no cuidado com as crianças.

A vida dessas trabalhadoras, que são mães, com filhos e filhas que têm direito à educação, passa a depender dessas redes e de suas possibilidades de pagar por elas. Assim, nas comunidades, criam-se nichos próprios para atender a estas mães. Compreender a existência da demanda das famílias e especialmente das mães não foi o principal desafio enfrentado pela equipe nos diálogos promovidos. Mas como conciliar esta rede tão afetada pela falta de investimento, pelo abandono, com a criação de mais um turno para as crianças? E as/os profissionais da educação? Seriam ainda mais sobrecarregados? Se não há recurso para o ensino regular, como ficaria um espaço noturno? E, principalmente, a ideia de que o projeto defendia apenas o direito das mulheres e negava às crianças o direito ao convívio familiar, ao lúdico, ao brincar? Como responder a tudo isso? Marielle respondeu.

E ela respondeu primeiro apontando seu lugar nesse processo, o de formuladora de políticas públicas, o que impõe uma série de limites. O Espaço Coruja não se propunha a resolver todos os problemas da educação infantil do município e nem ela como vereadora podia fazer isso. E jamais prometeu tal coisa. Mas sempre se comprometeu a lutar junto com a categoria para cobrar o executivo por mais verbas, por um plano de cargos e salários, por mais concurso etc. Ela separou o joio do trigo. Então, o projeto não criava mais demanda para os/as profissionais da rede, pois previa a contratação, preferencialmente via concurso, de novos profissionais. Ele também não sugeria deixar de investir em um turno para investir em outro, pois seu texto fala em usar os aparelhos municipais que já existem e que são apropriados/adaptados para as crianças da educação infantil. Ou seja, seria usar as escolas e Espaços de Desenvolvimento Infantil que fecham as 16h em um outro turno, para atender pais e mães que comprovem estarem estudando e/ou trabalhando até as 22h.

Isso atendia a uma boa parte das questões, mas não à principal. O Espaço Coruja seria uma creche noturna? Onde fica o direito desta criança de estar à noite com sua família e de não passar tantas horas em um mesmo dia institucionalizada? Para responder a esta questão, uma referência de uma das grandes estudiosas desse tema:

> Dessa forma, a oferta de educação infantil precisa ser formulada de modo a atender aos interesses e necessidades dos sujeitos a quem ela se destina, que vêm a ser as crianças e suas famílias, **lembrando que essa etapa educacional é direito das crianças, mas também dos trabalhadores e trabalhadoras** (cf.

> Constituição Federal, art. 7º, XXV), até a proposta pedagógica devem ser definidos em consonância com a comunidade atendida, considerando ainda que garantir o direito das crianças à educação desafia as práticas e políticas, especialmente numa sociedade como a brasileira, que se constitui em grande diversidade sociocultural e também por interesses antagônicos que produzem disputas de projetos societários (AQUINO in ARAUJO; SARMENTO, [et al.], 2015).

E essa era a resposta. O Espaço Coruja constitui um direito conjugado de mulheres/trabalhadores e crianças. Os primeiros, de terem o cuidado compartilhado com o Estado, seja para o trabalho ou para o estudo, e as crianças, de estarem seguras, cuidadas e acolhidas enquanto se desenvolvem. Não há uma hierarquia de direitos. Um não se sobrepõe ao outro. E assim o Espaço Infantil Noturno se apresentava como um espaço para o desenvolvimento desta criança, um local com profissionais da educação, para o cuidado e para a realização de atividades lúdicas – compreendendo estas ações pedagógicas. Contudo, isto não o caracteriza como creche. Sua frequência não é obrigatória, a criança deve estar matriculada na educação infantil regular para frequentar o espaço noturno e não pode somar mais de 9h no total do dia em institucionalização (creche + espaço noturno).

Entretanto, a narrativa aqui apresentada sobre o PL não traduz os duros embates travados sobre seu entendimento, sobre estratégia e tática, sobre concepção de mundo e projeto de vida. Foram muitos espaços em que Marielle e sua equipe buscaram o diálogo e, com ele, compreender por que, por exemplo, para os filhos e filhas das camadas médias e altas da nossa sociedade não há problema em estudar em escolas em que os turnos se estendem até 21h ou 22h ou realizar uma série de atividades que mantêm estas crianças institucionalizadas ao longo de todo o dia, mas para as famílias da favela isso era um projeto que tirava o direito da criança. Pois ela entendia que estava exatamente oportunizando uma vida melhor para aquela família, tornando todos os seus membros sujeitos de direitos.

Para isso, a academia e toda sua produção sobre educação infantil foi considerada, assim como os/as profissionais da rede. Nesse sentido, ocorreram debates e discussões organizados por representações dessas frentes, em que Marielle e sua equipe sempre estiveram presentes. Mas ela também queria ouvir os sujeitos desses direitos. E, por isso, sua mandata organizou uma série de visitas a favelas do Rio para debater o projeto, discutindo com pais e mães cada ponto, ouvindo o que podia ser melhorado, o que dialogava com a realidade deles e iria transformar, de alguma forma, suas vidas. Porque esta era a preocupação e o que mobilizava Marielle. Ela queria mover estruturas, mesmo que fossem pequenas estruturas, mas aquelas que mudam a vida das mulheres, especialmente das mulheres negras, como o Espaço Coruja, que, em funcionamento, certamente o fará.

Abraçar a mudança

Marielle repetia inúmeras vezes que vivíamos tempos em que o óbvio precisava ser dito. Hoje mais do que nunca temos que todos os dias falar obviedades, defendê-las. E isso se tornou questão de vida. Ou de mortes. Abraçar a mudança é uma dessas questões óbvias, que não precisariam ser defendidas, mas que ainda acabam tendo de ser. Significa, por exemplo, repensar, estar aberto a transformações, revoluções e, quando elas chegarem, reconhecermos a importância em nossas vidas e a acolhermos em um caloroso abraço. No campo da política é aceitar que "Se negras e negros já são excluídos dos diversos espaços, é urgente que sua voz na Câmara de Vereadores seja a voz de uma mulher negra, que representa as mulheres e o povo preto, e que possa falar por aqueles e aquelas que estão acostumados a terem homens brancos falando em nome de sua luta". Marielle era mudança.

E quando nos tiram de forma bárbara e brutal aquela que vinha sendo a expressão dessa representatividade na Câmara, aquela que brigava por esta agenda, tentam nos enfraquecer, nos calar. Mas hoje, mais de um ano e meio após sua execução, mostramos que esta batalha não terminará assim. Mesmo após seu assassinato em 14 de março de 2018, os projetos de lei de autoria de Marielle Franco foram à votação neste mesmo ano e em novembro foi aprovada a Lei nº 6419/2018 do Espaço Coruja.[7] Nosso desafio agora é fazer florescer essa semente e lutar para que essa lei seja aplicada com qualidade, garantindo assim a efetivação de direitos de mulheres, crianças, trabalhadores, estudantes, favelados e faveladas e todos e todas historicamente cerceados de direitos em nosso país.

A construção da Lei do Espaço Coruja é fruto da crença coletiva em um modelo de cidade no qual a Educação Infantil significa

7. Disponível em: https://leismunicipais.com.br/a/rj/r/rio-de-janeiro/lei-ordinaria/2018/642/6419/lei-ordinaria-n-6419-2018-institui-o-programa-de-espaco-infantil-noturno-atendimento-a-primeira-infancia-no-ambito-do-municipio-do-rio-de-janeiro?q=Espa%C3%A7o+infantil+noturno. Acesso em: 9 out. 2019.

também espaço de disputa pelo projeto de sociedade em que acreditamos, estando associada à luta pela promoção de uma cidade mais justa e menos excludente. A luta do Espaço Coruja sempre esteve em sintonia com a defesa de uma educação infantil pública, em espaços adequados, com profissionais concursados e planejamento pedagógico de qualidade.

No modelo de sociedade que Marielle lutou para construir, promover redistribuição dos recursos e bens produzidos socialmente é tarefa das políticas públicas. O Espaço Coruja pretende oferecer uma educação complementar, com propostas pedagógicas organizadas para cada faixa etária, garantindo um ambiente de aprendizagem saudável, compatível com as demandas próprias do horário. Ele permite que as crianças tenham seus direitos preservados, oferecendo variadas oportunidades educativas e que as famílias possam permanecer nos estudos ou retornar do trabalho com tranquilidade, o que contribui para uma possível redução das desigualdades.

Portanto, este livro hoje é parte de seu legado. É mostrar que o seu trabalho, sonhos e lutas seguem. É sinalizar que quando falamos em política com afeto significa a crença em uma outra cultura política, em novas práticas, em valores como a solidariedade, empatia e também alegria. E escolhemos encerrá-lo assim, com afeto, com esperança. Abraçando a mudança, como ela sempre fez.

Após 14 de março de 2018 não somos os mesmos e as mesmas. O mundo não é o mesmo. E afirmamos que a vida e a política não seguirá sendo a mesma também. Justiça por Marielle não é uma hashtag, não é texto de rede social. É movimento vivo, pulsa todos os dias em nossos corpos. Queremos saber quem mandou matá-la e o motivo. Queremos que sejam julgados e que a justiça seja feita. Mas Justiça por Marielle também é a luta por uma outra forma de fazer política, e essa está em nossas mãos a cada dia. Este livro é também um convite a esta luta, e esperamos que você aceite. Por você, por ela, pelas que virão e por nós!

Referências Bibliográficas

ANZALDÚA, Gloria. Falando em línguas: uma carta para as mulheres escritoras do terceiro mundo. *Revista Estudos Feministas*. v. 8, n. 1, Florianópolis, 2000.

AQUINO, Ligia Leão de. *in* ARAUJO, Vania Carvalho; SARMENTO, Manuel Jacinto [et al.]. *Educação infantil em jornada de tempo integral: dilemas e perspectivas.* Brasília, DF: Ministério da Educação; Vitória: EDUFES, 2015.

DAVIS, Angela. *Mulheres, raça e classe.* São Paulo: Boitempo Editorial, 2016.

BRASIL. Presidência da República. Secretaria de Políticas para as Mulheres. Plano Nacional de Políticas para as Mulheres 2013-2015. Brasília, DF, 2013. Disponível em: <http://www.spm.gov.br/assuntos/pnpm/publicacoes/pnpm-2013-2015-em-22ago13.pdf>.

Posfácio

A LUTA FAZ A LEI

Uma das principais marcas de parlamentares que se reivindicam socialistas é o desejo de exercerem seus mandatos como efetivos instrumentos a serviço da luta de trabalhadores e trabalhadoras. É a ideia de "tribuna do povo", representante dos interesses e direitos dos mais pobres diante dos poderes econômicos e políticos das elites. Marielle Franco foi uma legítima representante desta tradição e o projeto do Espaço Coruja é um ótimo exemplo de como isso se traduzia na prática cotidiana e coletiva do seu gabinete.

A proposta, formalizada no Projeto de Lei 017/2017, nasceu da experiência concreta da vida de milhares de trabalhadoras das periferias brasileiras diante das dificuldades de conciliar condições precárias de vida, de trabalho e de estudo com o necessário cuidado e educação de suas filhas e filhos. Um problema real, de difícil solução e absolutamente atual. Marielle decidiu enfrentar esse grande desafio desde o início do seu mandato, juntou gente muito boa e escreveu o projeto a muitas mãos, partindo da ideia básica de que os direitos de mães e filhos precisam ser garantidos plenamente e em conjunto. Tive a honra e o orgulho de participar desse processo e assinar a coautoria do projeto de lei, embora o protagonismo tenha sido todo dela e de sua mandata.

De forma muito explícita, Marielle possuía um olhar sobre a sociedade que, na busca da igualdade, percebia que os direitos básicos dos mais pobres eram defendidos com muito mais legitimidade e força por quem sentiu na pele as dificuldades de sobreviver neste mundo desigual que o capitalismo periférico criou nestas terras de São Sebastião do Rio de Janeiro. Olhando para trás agora, percebo que projetos como o Espaço Coruja nasceram dessa perspectiva absolutamente engajada que minha amiga e o coletivo de sua mandata tinham não só sobre o trabalho parlamentar, mas sobre a militância em geral.

Assim, ao lado do direito da criança à uma educação infantil de qualidade, Marielle lutou para que mães trabalhadoras, muitas vezes obrigadas a trabalhar no horário noturno, tivessem garantido pela prefeitura um espaço pedagógico, recreativo e de cuidado para deixar seus filhos e filhas. Nas periferias e favelas é comum a existência de diversificadas redes de solidariedade familiares e de cuidado comunitário para suprir essa demanda real do mundo do trabalho. Nada mais justo que o Estado, reconhecendo a demanda e o direito, cumprir sua obrigação de garantir as condições para que mães e filhos pudessem ter a dignidade que todo ser humano merece.

Até o momento em que escrevo este texto, e apesar de ter se tornado a Lei n° 6419/2018, o Espaço Coruja não se tornou uma realidade na vida das mães trabalhadoras e de seus filhos e filhas. Como sabemos há muito, a existência em si de uma lei não é garantia imediata de um direito, pois os governos de plantão só agem quando pressionados pelo povo. Se “as lutas fazem as leis”, como nos ensinam os movimentos sociais, Marielle seguirá presente em cada luta que se fizer necessária para que esse sonho que sonhamos juntos se torne, de fato, realidade!

TARCÍSIO MOTTA

Dados Internacionais de Catalogação na Publicação (CIP)
de acordo com ISBD

M539e Mendonça, Amanda

Espaço Coruja: pelos direitos das mulheres e das crianças. Legisladora Marielle Franco. / Amanda Mendonça, Pâmella Passos. - n-1 edições, 2019.
64 p. ; 10cm x 16,5cm.

Inclui bibliografia e índice.
ISBN: 978-65-81097-05-9

1. Educação. 2. Educação infantil. 3. Espaço recreativo. 4. Espaço Coruja. 5. Marielle Franco. 6. Direito das mulheres. 7. Direito das crianças. 8. Política pública. I. Passos, Pâmella. II. Título.

CDD 370.112
2019-2249 CDU 37-053.2

Elaborado por Vagner Rodolfo da Silva - CRB-8/9410

Índice para catálogo sistemático:
1. Educação infantil 370.112
2. Educação infantil 37-053.2

n-1

O livro como imagem do mundo é de toda maneira uma ideia insípida. Na verdade não basta dizer Viva o múltiplo, grito de resto difícil de emitir. Nenhuma habilidade tipográfica, lexical ou mesmo sintática será suficiente para fazê-lo ouvir. É preciso fazer o múltiplo, não acrescentando sempre uma dimensão superior, mas, ao contrário, da maneira mais simples, com força de sobriedade, no nível das dimensões de que se dispõe, sempre n-1 (é somente assim que o uno faz parte do múltiplo, estando sempre subtraído dele). Subtrair o único da multiplicidade a ser constituída; escrever a n-1.

Gilles Deleuze e Félix Guattari